Mohammed Debbal

Redes ópticas para estudantes de telecomunicações

Mohammed Debbal

Redes ópticas para estudantes de telecomunicações

Teoria, componentes e tecnologias

ScienciaScripts

Imprint
Any brand names and product names mentioned in this book are subject to trademark, brand or patent protection and are trademarks or registered trademarks of their respective holders. The use of brand names, product names, common names, trade names, product descriptions etc. even without a particular marking in this work is in no way to be construed to mean that such names may be regarded as unrestricted in respect of trademark and brand protection legislation and could thus be used by anyone.

Cover image: www.ingimage.com

This book is a translation from the original published under ISBN 978-3-330-01971-3.

Publisher:
Sciencia Scripts
is a trademark of
Dodo Books Indian Ocean Ltd. and OmniScriptum S.R.L publishing group

120 High Road, East Finchley, London, N2 9ED, United Kingdom
Str. Armeneasca 28/1, office 1, Chisinau MD-2012, Republic of Moldova, Europe
Managing Directors: Ieva Konstantinova, Victoria Ursu
info@omniscriptum.com

Printed at: see last page
ISBN: 978-620-8-40743-8

Redes ópticas para estudantes de telecomunicações: Teoria, Componentes e Tecnologias

Autor:
DEBBAL Mohammed

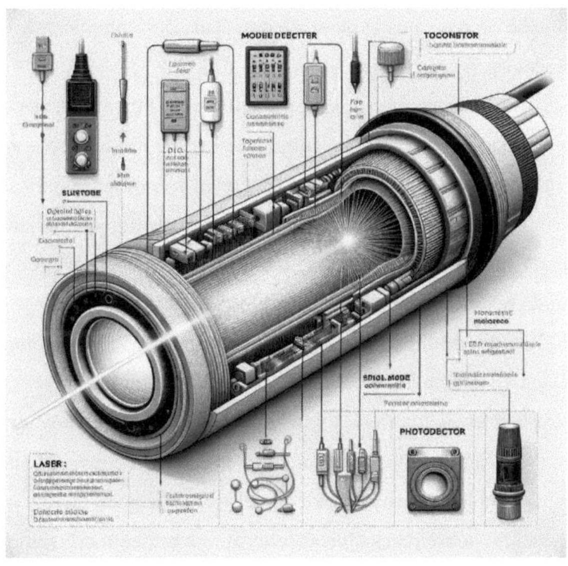

Prefácio

O mundo das telecomunicações está a passar por uma rápida transformação, estando as telecomunicações ópticas na vanguarda desta revolução. Como a procura de uma transmissão de dados mais rápida e fiável continua a crescer, a tecnologia de fibra ótica tornou-se a espinha dorsal das redes de comunicação modernas, desde a Internet de alta velocidade à imagiologia médica avançada e muito mais.

Este livro, "Optical Networks for Telecommunications Students: Teoria, Componentes e Tecnologias", foi concebido especificamente para estudantes de licenciatura em telecomunicações. Fornece uma introdução abrangente aos princípios fundamentais da comunicação ótica e oferece uma exploração detalhada dos componentes e sistemas que constituem as redes ópticas modernas.

O objetivo deste livro é fazer a ponte entre a teoria e a prática. Através de explicações claras de conceitos como a propagação da luz, técnicas de modulação e arquitecturas de rede, os estudantes obterão uma base sólida em telecomunicações ópticas. Além disso, foram incluídos projectos práticos e simulações para permitir que os alunos apliquem estes conceitos de uma forma prática, garantindo que estão bem preparados para os desafios do mundo real no terreno.

À medida que olhamos para o futuro, o papel da fibra ótica em tecnologias avançadas como a 5G, a fotónica integrada e a comunicação quântica continuará a expandir-se. Este livro também explora essas tendências emergentes, dando aos alunos um vislumbre do futuro das telecomunicações e das oportunidades empolgantes que estão por vir.

Quer esteja apenas a iniciar os seus estudos em telecomunicações ou pretenda aprofundar os seus conhecimentos sobre redes ópticas, este livro tem como objetivo fornecer-lhe os conhecimentos e as ferramentas de que necessita para ter êxito neste domínio dinâmico e em rápida evolução.

Espero que este livro seja informativo, cativante e um recurso valioso para o seu percurso académico.

Com os melhores cumprimentos,

DEBBAL Mohammed

2025

Índice

Lista de abreviaturas e símbolos

ASK - Amplitude Shift Keying

BER - Bit Error Rate

CD - Chromatic Dispersion

CWDM - Coarse Wavelength Division Multiplexing

DB - Decibel

DCF - Dispersion Compensating Fiber

DWDM - Dense Wavelength Division Multiplexing

EDFA - Erbium-Doped Fiber Amplifier

FTTH - Fiber to the Home

GHz - Gigahertz

GPON - Gigabit Passive Optical Network

LED - Light Emitting Diode

MAN - Metropolitan Area Network

MMF - Multi-Mode Fiber

OLT - Optical Line Terminal

ONU - Optical Network Unit

PON - Passive Optical Network

QAM - Quadrature Amplitude Modulation

QPSK - Quadrature Phase Shift Keying

RF - Radio Frequency

SMF - Single-Mode Fiber

WDM - Wavelength Division Multiplexing

Introdução geral

Nos últimos anos, as telecomunicações ópticas revolucionaram a forma como os dados são transmitidos através das distâncias, proporcionando uma comunicação de alta velocidade, segura e fiável. À medida que a procura de tecnologias de comunicação mais rápidas e eficientes continua a crescer, as redes ópticas tornaram-se uma espinha dorsal essencial para a transmissão global de dados. Este livro, "Optical Networks for Telecommunications Students: Teoria, componentes e tecnologias", tem como objetivo apresentar aos alunos de licenciatura os princípios fundamentais e as aplicações das telecomunicações ópticas.

O objetivo deste livro é colmatar a lacuna entre o conhecimento teórico e a aplicação prática no domínio das telecomunicações ópticas. Através de capítulos estruturados que abrangem as propriedades da luz, estruturas de fibra ótica, técnicas de transmissão e componentes de rede, os estudantes irão adquirir uma compreensão abrangente do funcionamento das redes ópticas e da razão pela qual estas são parte integrante das infra-estruturas de comunicação modernas.

Esta introdução está dividida em secções que exploram o desenvolvimento das telecomunicações ópticas, as vantagens da fibra ótica em comparação com os meios tradicionais e a vasta gama de aplicações em que as redes ópticas são utilizadas, desde redes de telecomunicações a campos médicos. À medida que os alunos avançam nos capítulos, não só apreendem os conceitos teóricos, como também se envolvem em exemplos práticos e simulações para solidificar a sua compreensão.

Este livro é dedicado à formação de uma geração de profissionais de telecomunicações equipados com os conhecimentos e as competências necessárias para enfrentar os desafios e as oportunidades no domínio em evolução das telecomunicações ópticas.

Introdução às telecomunicações ópticas

1. História e evolução das telecomunicações ópticas

O percurso das telecomunicações ópticas tem atravessado séculos, embora o seu rápido desenvolvimento tenha ocorrido no final do século XX. Segue-se uma panorâmica dos principais marcos históricos:

- **Primeiras experiências com a luz**: A comunicação ótica tem as suas raízes na utilização da luz para fins de sinalização. Nos tempos antigos, eram utilizados fogos de sinalização e espelhos para comunicar à distância. No entanto, esta forma de comunicação era rudimentar e dependente das condições climatéricas.
- **Invenção do laser (1960)**: O desenvolvimento do laser por Theodore Maiman em 1960 foi um momento crucial. A luz coerente e focada produzida pelos lasers era muito mais potente e controlável do que qualquer fonte de luz anteriormente disponível, tornando-a uma candidata ideal para a comunicação a longa distância.
- **Introdução da fibra ótica (década de 1970)**: As primeiras tentativas de transmitir luz através do vidro não tiveram êxito devido à elevada perda de sinal (atenuação). Em 1970, Charles K. Kao e George Hockham descobriram que as impurezas no vidro eram a principal razão para a perda de sinal. Demonstraram que o vidro de sílica purificado podia transmitir luz de forma eficiente a longas distâncias, dando origem à moderna tecnologia de fibra ótica. Esta descoberta foi um ponto de viragem que levou à atribuição do Prémio Nobel da Física a Kao em 2009.
- **Desenvolvimento das redes de fibra ótica**: Nas décadas de 1980 e 1990, a fibra ótica começou a substituir os sistemas de comunicação tradicionais baseados em cobre nas redes de telecomunicações e de TV por cabo. A instalação de cabos de fibra ótica sob o oceano permitiu a comunicação global a velocidades sem precedentes, revolucionando a Internet e a telefonia.

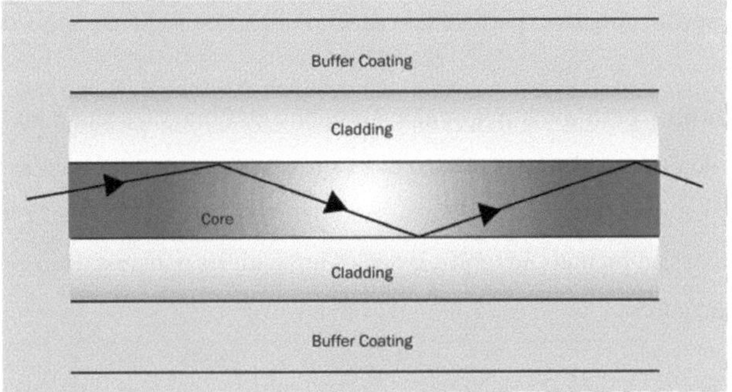

Figura 1: Diagrama que ilustra os princípios da transmissão da luz nas fibras ópticas, mostrando a reflexão e a refração no núcleo e no revestimento.

2. Porquê a fibra ótica?

A tecnologia de fibra ótica oferece várias vantagens em relação aos meios de transmissão tradicionais, como os fios de cobre e os sistemas sem fios. Estas vantagens incluem:

- **Maior largura de banda**: Os sinais de luz na fibra ótica podem transportar significativamente mais dados do que os sinais eléctricos nos cabos de cobre. As fibras modernas podem suportar taxas de transmissão de dados superiores a 100 Gbps (Gigabits por segundo) e são capazes de acomodar tecnologias futuras como a 6G.
- **Transmissão a distâncias mais longas**: Enquanto os sinais eléctricos nos cabos de cobre se degradam em distâncias de alguns quilómetros, os sinais de luz nas fibras ópticas podem viajar centenas de quilómetros sem necessitarem de regeneração. Ao contrário dos sinais sem fios, as fibras ópticas evitam os efeitos de atenuação causados pelo ar, condições climatéricas e obstáculos físicos.
- **Imunidade à interferência electromagnética (EMI)**: Os fios de cobre são susceptíveis à interferência electromagnética de fontes eléctricas próximas, o que pode degradar a qualidade do sinal. As fibras ópticas, por outro lado, não são afectadas pela EMI, o que as torna mais fiáveis em ambientes com elevado ruído elétrico.
- **Segurança reforçada**: As fibras ópticas são mais difíceis de intercetar do que os cabos de cobre. Uma vez que transmitem dados como luz, a interceção e a decifração dos dados requerem equipamento altamente sofisticado. Isto torna-as

uma opção atractiva para redes de comunicação seguras, especialmente nos sectores militar e financeiro.

- **Tamanho e peso mais pequenos**: Os cabos de fibra ótica são mais finos e mais leves do que os cabos de cobre, o que os torna mais fáceis de instalar em edifícios e em grandes áreas geográficas. São também mais duráveis e resistentes a condições ambientais adversas, o que os torna ideais para instalações subterrâneas e subaquáticas.

	Fibra ótica	Fio de cobre
Segurança	✔	✖
Peso	✔	✖
Efeitos RF	✔	✖
Largura de banda de dados	✔	✖
Durabilidade	✔	✖
Custo	✖	✔

Figura 2: Gráfico de comparação entre fios de cobre e fibra ótica, mostrando a capacidade de largura de banda, a degradação do sinal à distância e a sensibilidade à interferência.

3. Aplicações das telecomunicações ópticas

As telecomunicações ópticas tornaram-se a espinha dorsal de muitos sistemas de comunicação modernos, permitindo a transferência de dados a alta velocidade para uma vasta gama de aplicações:

- **Redes de telecomunicações**: As fibras ópticas são amplamente utilizadas em infra-estruturas de telecomunicações para suportar a transmissão de dados a alta velocidade e a longa distância. Constituem a base dos backbones da Internet, permitindo a transmissão de dados entre cidades, países e mesmo continentes através de cabos de fibra submarinos. Atualmente, as principais empresas de telecomunicações dependem da fibra ótica para fornecer serviços rápidos de Internet, telefone e televisão.

- **Internet**: As fibras ópticas desempenham um papel crucial na infraestrutura global da Internet. Permitem que os dados viajem à velocidade da luz através dos continentes, permitindo que os serviços em nuvem, o streaming e as comunicações em linha funcionem sem problemas. Os serviços Fiber to the Home (FTTH) estão a tornar-se cada vez mais populares, uma vez que fornecem Internet de alta velocidade diretamente aos consumidores, oferecendo largura de banda suficiente para streaming, jogos e transferências de ficheiros de grandes dimensões.
- **Aplicações médicas**: Na medicina, as fibras ópticas são utilizadas em vários procedimentos de diagnóstico e terapêuticos. A endoscopia é uma dessas aplicações, em que as fibras ópticas flexíveis são utilizadas para guiar a luz e as câmaras para o interior do corpo, para visualizar os órgãos internos sem cirurgia invasiva. As fibras ópticas são também utilizadas em cirurgias a laser e na tomografia de coerência ótica (OCT) para obtenção de imagens pormenorizadas.
- **Centros de dados**: À medida que a computação em nuvem e os serviços de grandes volumes de dados crescem, os centros de dados estão a tornar-se mais dependentes da fibra ótica para suportar ligações rápidas e fiáveis entre servidores. Esses centros usam fibra ótica para garantir a transferência eficiente de dados dentro das redes internas e com provedores externos.
- **Radiodifusão e televisão por cabo**: As fibras ópticas são essenciais no sector da radiodifusão para fornecer televisão de alta definição (HD) e cobertura de eventos em direto a longas distâncias. Também permitem que os fornecedores de cabo ofereçam sinais claros e de elevada largura de banda a casas e empresas.
- **Cidades inteligentes**: A fibra ótica é a espinha dorsal das infra-estruturas das cidades inteligentes, suportando sistemas de tráfego inteligentes, serviços públicos automatizados (como redes inteligentes e sistemas de gestão da água) e acesso à Internet em toda a cidade.

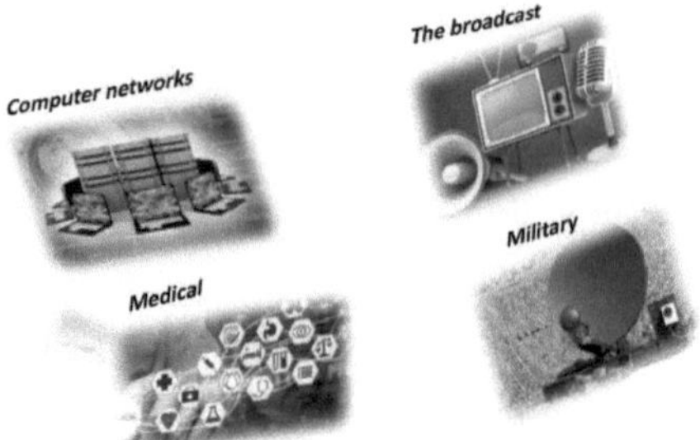

Figura 3: Diagrama que mostra várias aplicações da fibra ótica, incluindo redes de Internet, utilizações médicas e centros de dados.

4. Conclusão

As telecomunicações ópticas tornaram-se indispensáveis no atual panorama das comunicações de alta velocidade. A evolução histórica de métodos de sinalização simples para redes de fibra ótica avançadas ilustra o incrível progresso alcançado na tecnologia de transmissão de dados. A fibra ótica, com a sua elevada largura de banda, imunidade a interferências electromagnéticas e segurança reforçada, é um meio superior às opções tradicionais de cobre e sem fios.

Ao compreender os benefícios e as aplicações da fibra ótica, torna-se claro porque é que esta tecnologia está no centro da infraestrutura de telecomunicações. Desde o apoio à Internet e às redes de telecomunicações até ao avanço de campos como a imagiologia médica e os centros de dados, a fibra ótica tem uma vasta gama de aplicações com impacto. Este conhecimento fundamental da história, das vantagens e das utilizações actuais da fibra ótica prepara o terreno para uma exploração mais profunda dos princípios técnicos e dos componentes que impulsionam as telecomunicações ópticas modernas.

Propriedades fundamentais da luz e das fibras ópticas

Compreender o comportamento da luz e a forma como esta interage com os cabos de fibra ótica é crucial para dominar as telecomunicações ópticas. Esta secção explora as propriedades básicas da luz, a estrutura da fibra ótica e os desafios envolvidos na manutenção da qualidade do sinal em longas distâncias.

1. Luz e propriedades ópticas

A luz é uma onda electromagnética, o que significa que é constituída por campos eléctricos e magnéticos oscilantes que se propagam no espaço. Nas telecomunicações ópticas, a luz é utilizada para transportar sinais de dados porque pode viajar a velocidades incrivelmente elevadas e transportar grandes quantidades de informação quando transmitida através de fibras ópticas.

Reflexão e Refração

- **A reflexão** ocorre quando a luz é reflectida por uma superfície em vez de passar através dela. Nas fibras ópticas, a reflexão desempenha um papel fundamental para manter a luz confinada no núcleo da fibra através de um processo chamado **reflexão interna total**.
- **A refração** ocorre quando a luz passa de um meio para outro (por exemplo, do ar para o vidro) e se curva devido a uma alteração na velocidade. O grau de curvatura é regido pela **Lei de Snell**, que relaciona o ângulo de incidência (o ângulo em que a luz atinge a superfície) com o ângulo de refração (o ângulo em que a luz se curva).

Lei de Snell

A Lei de Snell é dada pela equação:

$$n_1 \, sin(\theta_1) = n_2 \, sin(\theta_2)$$

Onde:

- n_1 e n_2 são os índices de refração dos dois meios (por exemplo, ar e vidro),
- θ_1 é o ângulo de incidência,
- θ_2 é o ângulo de refração.

Na fibra ótica, o núcleo tem um índice de refração mais elevado do que o revestimento que o rodeia. Esta diferença nos índices de refração garante que, quando a luz atinge a fronteira entre o núcleo e a camada de revestimento num ângulo suficientemente acentuado (superior ao **ângulo crítico**), ocorre uma reflexão interna total e a luz fica confinada no núcleo.

Reflexão interna total

A reflexão interna total é o fenómeno que permite que a luz viaje através do núcleo da fibra ótica com perdas mínimas. Quando o ângulo de incidência excede o ângulo crítico, a luz é reflectida de volta para o núcleo em vez de passar para o revestimento. Este processo repete-se ao longo do comprimento da fibra, permitindo que a luz percorra longas distâncias sem perda significativa de sinal.

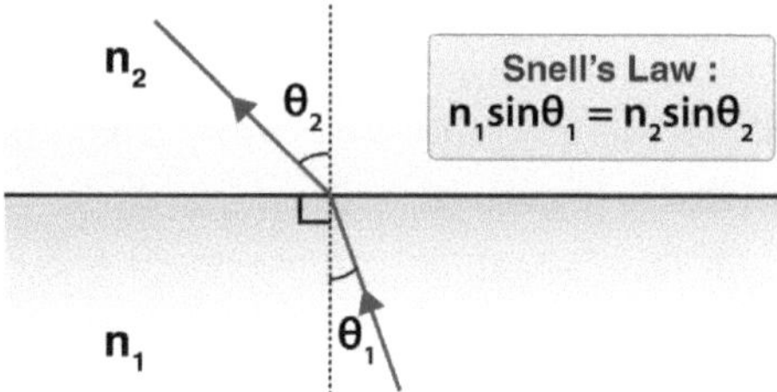

Figura 4: Diagrama da Lei de Snell

2. Estruturas e tipos de fibra ótica

Os cabos de fibra ótica são constituídos por várias camadas, as mais importantes das quais são o **núcleo** e o **revestimento**.

- **O núcleo**: O núcleo é a parte central da fibra por onde a luz passa. É feito de vidro ultra-puro ou plástico e tem um índice de refração mais elevado do que o revestimento.
- **O revestimento**: O revestimento envolve o núcleo e tem um índice de refração mais baixo. A sua função principal é manter a luz confinada ao núcleo através da reflexão interna total.

Tipos de fibra ótica

Existem dois tipos principais de cabos de fibra ótica utilizados nas telecomunicações: fibras **monomodo** e fibras **multimodo**.

- **Fibra monomodo**: Nas fibras monomodo, o núcleo é muito estreito (normalmente cerca de 8 a 10 microns). Isso permite a propagação de apenas um modo (ou caminho) de luz. As fibras monomodo são ideais para comunicações de longa distância, pois apresentam menos dispersão e atenuação de sinal do que as fibras multimodo.

- **Fibra multimodo**: As fibras multimodo têm um núcleo mais largo (cerca de 50 a 62,5 microns), o que permite a propagação simultânea de vários modos ou caminhos de luz. Embora as fibras multimodo sejam mais fáceis de fabricar e ligar, sofrem de uma maior dispersão do sinal, limitando a sua utilização a distâncias mais curtas, como no interior de edifícios ou em campus.

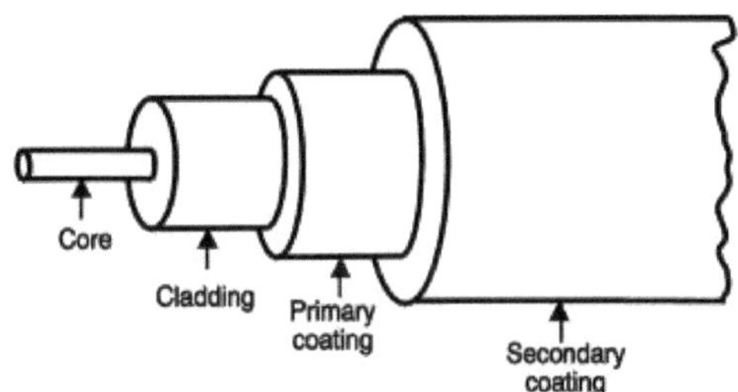

Figura 5: Diagrama da estrutura do cabo de fibra ótica

3. Atenuação e dispersão

Dois grandes desafios na comunicação por fibra ótica são a **atenuação** e **a dispersão**. Ambos os fenómenos podem degradar a qualidade do sinal à medida que este viaja através da fibra.

Atenuação

A atenuação refere-se à perda gradual da intensidade do sinal à medida que a luz viaja através da fibra. Isso é causado por fatores como:

- **Absorção**: As impurezas no vidro absorvem parte da energia luminosa, convertendo-a em calor.
- **Dispersão**: As variações na densidade do material podem dispersar a luz, fazendo com que parte dela saia do núcleo.
- **Perda por curvatura**: Quando uma fibra é curvada acentuadamente, parte da luz pode escapar do núcleo, resultando em perda de sinal.

A atenuação é normalmente medida em **decibéis por quilómetro (dB/km)**. Quanto mais baixo for o valor dB/km, menor é a perda de sinal numa determinada distância.

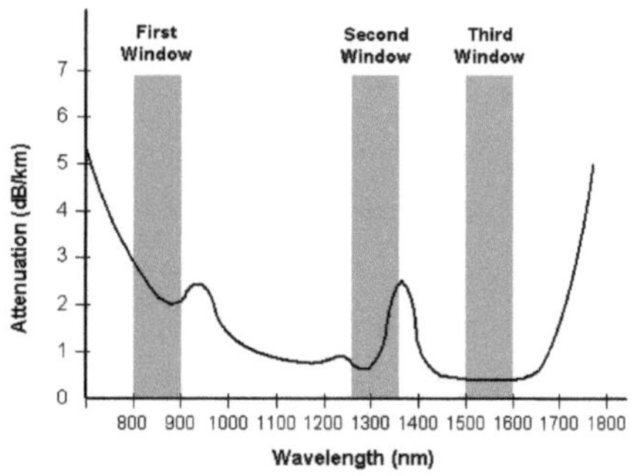

Figura 6: Gráfico da atenuação em função da distância

Dispersão

A dispersão refere-se ao espalhamento do sinal de luz à medida que este viaja através da fibra, o que pode causar distorção do sinal e reduzir a taxa global de transmissão de dados. Existem dois tipos principais de dispersão:

- **Dispersão modal** (em fibras multimodo): Os diferentes modos (caminhos) da luz viajam a velocidades ligeiramente diferentes, fazendo com que o sinal se espalhe ao longo do tempo. Este facto limita a largura de banda e a distância a que as fibras multimodo podem transmitir dados.
- **Dispersão cromática** (em fibras monomodo): Ocorre porque diferentes comprimentos de onda (cores) da luz viajam a velocidades diferentes através do vidro. Mesmo em fibras monomodo, a dispersão cromática pode ocorrer se a fonte de luz emitir vários comprimentos de onda.

Para contrariar estes problemas, os sistemas modernos de fibra ótica utilizam **técnicas de compensação da dispersão** e **amplificadores ópticos** para manter a qualidade do sinal a longas distâncias.

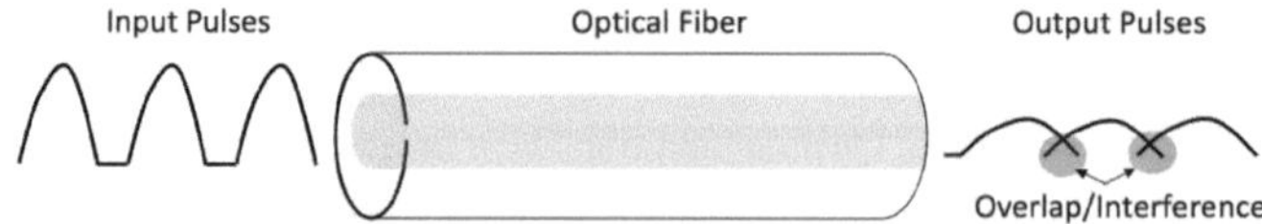

Figura 7: Diagrama de dispersão em fibra ótica

4. Conclusão

Em conclusão, a compreensão das propriedades fundamentais da luz e das fibras ópticas é essencial para o avanço no domínio das telecomunicações ópticas. Conceitos-chave como a reflexão, a refração, a reflexão interna total e os desafios da atenuação e da dispersão constituem a base científica que permite a transmissão de dados fiável e de alta velocidade através de fibras ópticas.

Este conhecimento dota os estudantes das ferramentas necessárias para analisar e otimizar os sistemas de comunicação ótica, ajudando-os a apreciar a estrutura e o comportamento das fibras e os factores que afectam a qualidade do sinal a longas distâncias. O domínio destes princípios não é apenas teórico, mas um passo necessário para qualquer futuro engenheiro ou investigador que pretenda contribuir para o desenvolvimento de redes de telecomunicações modernas. Esta base prepara o terreno para a exploração de tópicos mais complexos, como componentes, técnicas de modulação e arquitecturas de rede nos capítulos seguintes.

Componentes de sistemas ópticos

Os sistemas de comunicação ótica assentam em vários componentes-chave que asseguram a transmissão e receção eficientes de dados a longas distâncias. Estes componentes incluem fontes de luz, receptores ópticos, amplificadores e técnicas como a multiplexagem por divisão de comprimento de onda (WDM). Nesta secção, vamos explorar estes componentes e a sua importância nas telecomunicações.

1. Fontes de luz nas telecomunicações

O processo de transmissão de dados através de fibras ópticas começa com a conversão de sinais eléctricos em luz. Esta conversão é efectuada utilizando componentes emissores de luz, como **os LED** (díodos emissores de luz) e **os lasers**. Ambas as fontes de luz têm caraterísticas e aplicações diferentes nos sistemas de comunicação ótica.

LEDs (Díodos emissores de luz)

- **Como funcionam os LEDs**: Os LEDs emitem luz quando uma corrente eléctrica passa através de um material semicondutor, fazendo com que os electrões se recombinem com os buracos e libertem energia sob a forma de fotões. A luz emitida pelos LEDs é normalmente incoerente e tem um espetro mais alargado em comparação com os lasers.
- **Aplicações**: Os LEDs são normalmente utilizados em comunicações ópticas de curta distância, como em redes locais (LANs) e no interior de edifícios. São menos dispendiosos do que os lasers, mas fornecem taxas de dados mais baixas e são normalmente utilizados em **fibras multimodo**.
- **Vantagens e limitações**: Os LEDs são simples, baratos e têm uma vida útil longa. No entanto, têm uma potência inferior e uma maior dispersão devido ao seu amplo espetro de emissão, o que limita a sua utilização a aplicações de curta distância.

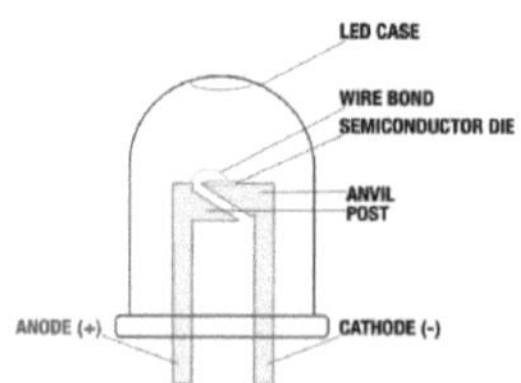

Figura 8: Diagrama do LED

Lasers (Amplificação da Luz por Emissão Estimulada de Radiação)

- **Como funcionam os lasers**: Os lasers produzem luz através de um processo de emissão estimulada, em que um fotão inicial estimula a emissão de fotões adicionais, todos com a mesma fase, frequência e direção. Isto resulta num feixe de luz altamente coerente e monocromático (comprimento de onda único).
- **Aplicações**: Os lasers são utilizados para a transmissão de dados a longa distância e a alta velocidade, especialmente em **fibras monomodo**. Oferecem uma potência de saída e uma precisão muito superiores às dos LED, o que os torna ideais para aplicações como redes de telecomunicações de longo curso e redes de área metropolitana (MAN).
- **Vantagens**: Os lasers fornecem uma divergência de feixe estreita, alta potência e precisão, o que lhes permite transmitir dados a distâncias maiores com dispersão mínima.

Figura 8: Diagrama do laser

2. Receptores ópticos

Na extremidade recetora de um sistema de comunicação ótica, o sinal luminoso tem de ser convertido novamente num sinal elétrico. Este processo é realizado por **receptores ópticos**, cujo componente mais importante é o **fotodíodo**.

Fotodíodos

- **Como funcionam os fotodíodos**: Um fotodíodo é um dispositivo semicondutor que converte a luz numa corrente eléctrica. Quando os fotões da luz de entrada atingem o fotodíodo, excitam os electrões, gerando uma corrente proporcional à intensidade da luz. Esta corrente é depois processada e convertida nos dados originais.
- **Tipos de fotodíodos**:

- **Fotodíodo PIN**: O fotodíodo mais comummente utilizado nas comunicações ópticas. Possui uma camada intrínseca entre as regiões semicondutoras do tipo p e do tipo n, o que aumenta o seu tempo de resposta e o torna adequado para aplicações de alta velocidade.
- **Fotodíodo de avalanche (APD)**: Este fotodíodo amplifica a corrente internamente através de um processo de multiplicação por avalanche, proporcionando uma maior sensibilidade do que um fotodíodo PIN. É utilizado em aplicações em que é necessário detetar sinais muito fracos, como nas comunicações a longa distância.

- **Papel nos sistemas de comunicação**: Os fotodíodos são essenciais para a receção precisa de dados em sistemas ópticos. Garantem que mesmo os sinais de luz mais fracos podem ser detectados de forma fiável e convertidos em sinais eléctricos para processamento posterior.

3. Amplificadores ópticos

À medida que a luz viaja através de uma fibra ótica, a sua força diminui devido à atenuação. Em longas distâncias, o sinal torna-se demasiado fraco para ser detectado com precisão. Para ultrapassar este problema, são utilizados **amplificadores ópticos** para aumentar a intensidade do sinal sem o converter de novo num sinal elétrico.

Amplificadores de fibra dopada com érbio (EDFA)

- **Como funcionam os EDFAs**: Os EDFAs são amplificadores ópticos que utilizam um comprimento de fibra ótica dopada com o elemento de terras raras érbio. Quando a luz de um laser de bomba é passada através da fibra dopada com érbio, os átomos de érbio são excitados para um estado de energia mais elevado. À medida que o sinal fraco passa através desta fibra, os átomos de érbio regressam ao seu estado de energia mais baixo, libertando fotões adicionais e amplificando o sinal de luz.
- **Aplicações**: Os EDFAs são amplamente utilizados em redes de comunicações ópticas de longo curso, nomeadamente para cabos submarinos e comunicações terrestres de longa distância. São capazes de amplificar sinais numa vasta gama de comprimentos de onda (especificamente na banda de 1550 nm, onde as fibras ópticas apresentam uma atenuação mínima).

- **Vantagens**: Os EDFAs são altamente eficientes porque amplificam o sinal sem necessidade de o converter num sinal elétrico, o que os torna essenciais para sistemas ópticos de alta capacidade e de longa distância.

4. Multiplexagem por divisão do comprimento de onda (WDM)

A multiplexagem por divisão do comprimento de onda (WDM) é uma técnica utilizada para aumentar a capacidade dos sistemas de comunicação por fibra ótica, transmitindo vários sinais de luz com diferentes comprimentos de onda através da mesma fibra. Isto permite a transmissão simultânea de muitos canais de dados, aumentando significativamente a capacidade de dados da rede.

Como funciona o WDM

Nos sistemas WDM, os fluxos de dados são codificados em diferentes comprimentos de onda (ou cores) de luz utilizando lasers. Estes diferentes comprimentos de onda são então combinados utilizando um **multiplexador** e transmitidos através de uma única fibra ótica. Na extremidade de receção, um **demultiplexador** separa os comprimentos de onda para que possam ser processados individualmente.

Tipos de WDM:

- **Multiplexação densa por divisão de comprimento de onda (DWDM)**: A DWDM utiliza comprimentos de onda estreitamente espaçados (normalmente 0,8 nm de distância) para transportar centenas de sinais numa única fibra. É normalmente utilizado em redes de longo curso e cabos submarinos, onde a maximização da capacidade é fundamental.
- **Multiplexagem por divisão de comprimento de onda grosso (CWDM)**: A CWDM utiliza menos canais com um espaçamento maior (normalmente 20 nm de distância), o que a torna mais adequada para distâncias mais curtas e aplicações sensíveis em termos de custos, como as redes de área metropolitana (MAN).

Importância nas redes de alta capacidade

A WDM é essencial nas redes de telecomunicações modernas porque permite a utilização eficiente das fibras ópticas, aumentando significativamente a sua capacidade sem necessidade de infra-estruturas adicionais. Suporta as enormes exigências de dados dos actuais sistemas de Internet e telecomunicações, incluindo serviços de streaming, computação em nuvem e banda larga de alta velocidade.

5. Conclusão

Esta secção fornece uma compreensão fundamental dos principais componentes dos sistemas de comunicação ótica, incluindo fontes de luz, receptores, amplificadores e WDM. Cada um destes componentes desempenha um papel vital na garantia de uma transmissão de dados eficiente, de alta velocidade e de longa distância através de redes ópticas. Para os estudantes, o domínio destes componentes será essencial para a compreensão de tópicos mais avançados em telecomunicações ópticas.

Modulação e Transmissão em Fibras Ópticas

A modulação é um processo essencial nas telecomunicações ópticas, permitindo que os dados sejam codificados em ondas de luz para transmissão através de cabos de fibra ótica. Nesta secção, vamos explorar os conceitos básicos da modulação ótica, examinar técnicas de modulação comuns e discutir métodos de deteção que permitem uma receção de dados eficiente.

1. Introdução à Modulação Ótica

A modulação ótica refere-se ao processo de variação de certas propriedades das ondas de luz (amplitude, fase ou frequência) para codificar dados. Nas telecomunicações ópticas, a modulação é necessária para traduzir sinais eléctricos (que representam dados) em sinais ópticos para transmissão através de fibra ótica.

Existem dois tipos principais de modulação:

- **Modulação analógica**: O sinal a transmitir é contínuo, como na transmissão analógica de televisão ou rádio. A modulação analógica foi historicamente importante, mas foi largamente substituída pela modulação digital nas telecomunicações modernas.
- **Modulação digital**: O sinal consiste em dados discretos, normalmente representados em forma binária (0s e 1s). As técnicas de modulação digital dominam os sistemas de comunicação ótica modernos porque oferecem taxas de dados mais elevadas e melhor resistência ao ruído.

Nos sistemas ópticos, a fonte de luz laser ou LED emite uma onda ótica contínua (também designada por onda portadora). As técnicas de modulação variam esta onda portadora com base nos dados de entrada para criar um sinal ótico que pode transportar informações a longas distâncias.

2. Técnicas de modulação simples

Existem várias técnicas de modulação utilizadas nas telecomunicações ópticas. As mais comuns são a **modulação por deslocamento de amplitude (ASK)**, a **modulação por deslocamento de fase (PSK)** e a **modulação por amplitude em quadratura (QAM)**. Estas são técnicas de modulação digital, que são mais fáceis de compreender e aplicar em sistemas ópticos.

Chaveamento por deslocamento de amplitude (ASK)

- **Como funciona**: No ASK, a amplitude (ou intensidade) do sinal de luz é variada para representar dados. Uma amplitude elevada (luz forte) pode representar um "1" binário, enquanto uma amplitude baixa (luz fraca ou inexistente) representa um "0" binário.
- **Vantagens e limitações**: O ASK é simples de implementar, mas é suscetível ao ruído e à atenuação, porque as variações na intensidade do sinal podem degradar-se facilmente em longas distâncias.

Chaveamento por deslocamento de fase (PSK)

- **Como funciona**: No PSK, a fase da onda de luz é deslocada para representar os dados. Por exemplo, no **BPSK (Binary Phase Shift Keying)**, a fase é deslocada em 180 graus entre o "0" binário e o "1" binário. No **PSK em quadratura (QPSK)**, a fase é deslocada em incrementos de 90 graus, permitindo que quatro símbolos diferentes (00, 01, 10, 11) sejam representados em cada mudança de sinal.
- **Vantagens e limitações**: O PSK é mais robusto contra o ruído do que o ASK porque as mudanças de fase são menos afectadas pela perda de sinal. No entanto, o recetor necessita de hardware mais complexo para detetar com precisão as mudanças de fase, especialmente em sistemas PSK de ordem elevada como o QPSK.

Modulação de amplitude em quadratura (QAM)

- **Como funciona**: O QAM combina a modulação de amplitude e de fase. Ao variar tanto a amplitude como a fase da onda de luz, o QAM pode transmitir mais dados por símbolo. Por exemplo, **o 16-QAM** utiliza quatro amplitudes diferentes e quatro mudanças de fase diferentes, permitindo-lhe transmitir 16 símbolos distintos (cada um representando 4 bits de dados).
- **Vantagens e limitações**: O QAM fornece taxas de dados mais elevadas do que o ASK ou o PSK isoladamente, porque permite que mais bits sejam transmitidos com cada alteração no sinal. No entanto, o QAM de ordem superior (como o 64-QAM ou o 256-QAM) requer uma relação sinal/ruído muito elevada e equipamento preciso para uma deteção adequada.

3. Deteção Direta vs. Deteção Coerente

Na comunicação ótica, depois de o sinal luminoso ter percorrido a fibra, tem de ser detectado e convertido novamente num sinal elétrico. O método utilizado para a deteção pode ter um grande impacto no desempenho do sistema, especialmente em comunicações de alta velocidade ou de longa distância. Dois métodos de deteção comuns são a **deteção direta** e **a deteção coerente.**

Deteção direta

- **Como funciona**: Na deteção direta, o sinal de luz é diretamente convertido num sinal elétrico através da medição da potência (ou intensidade) da luz. Os fotodíodos são normalmente utilizados para a deteção direta, uma vez que convertem a luz numa corrente eléctrica proporcional à intensidade da luz.
- **Vantagens**: A deteção direta é simples, económica e funciona bem em sistemas que utilizam sinais modulados em intensidade (como o ASK). É amplamente utilizada em sistemas de comunicação de curta e média distância.
- **Limitações**: A deteção direta apenas mede a amplitude do sinal, pelo que não é adequada para formatos de modulação avançados, como PSK e QAM, que codificam dados em fase ou frequência. Além disso, é menos eficaz em sistemas com baixos rácios de sinal/ruído.

Deteção coerente

- **Como funciona**: A deteção coerente envolve a mistura do sinal de luz de entrada com um laser de referência (chamado oscilador local) no recetor. Este processo extrai a informação de amplitude e de fase do sinal, permitindo a deteção de formatos de modulação mais complexos, como QPSK e QAM de alta ordem.
- **Vantagens**: A deteção coerente é muito mais sensível do que a deteção direta e pode detetar sinais que tenham sido enfraquecidos por atenuação ou dispersão. Permite também a utilização de técnicas de modulação avançadas (como PSK e QAM) e proporciona um melhor desempenho em sistemas de longa distância e de elevada capacidade.
- **Limitações**: A deteção coerente é mais complexa e dispendiosa de implementar porque requer hardware adicional, incluindo um oscilador local e detectores sensíveis à fase.

4. Conclusão

A modulação e a deteção são processos críticos nas telecomunicações ópticas. Compreender como funcionam as diferentes técnicas de modulação - juntamente com as vantagens e desvantagens dos métodos de deteção direta e coerente - dá aos alunos uma base sólida para um estudo mais aprofundado dos sistemas de comunicação por fibra ótica. Para os estudantes de licenciatura, a compreensão destes conceitos é essencial para entender como os dados são transmitidos, codificados e recuperados nas redes de telecomunicações modernas.

Redes ópticas

As redes ópticas são a espinha dorsal das telecomunicações modernas, fornecendo a infraestrutura necessária para satisfazer a procura crescente de transmissão de dados de alta velocidade e alta capacidade. Esta secção apresenta os principais conceitos das redes de fibra ótica, incluindo FTTH (Fiber to the Home), redes ópticas passivas (PON) e diferentes arquitecturas de rede utilizadas em redes metropolitanas e de longa distância.

1. Redes FTTH (Fiber to the Home)

Fiber to the Home (FTTH) refere-se ao fornecimento de cabos de fibra ótica de alta velocidade diretamente a casas ou edifícios individuais. Numa rede FTTH, as fibras ópticas são colocadas a partir de um escritório central ou de um centro de distribuição até uma casa, fornecendo aos utilizadores uma ligação direta de fibra. Este é um dos tipos mais avançados de redes de fibra ótica para os consumidores e oferece uma largura de banda muito superior à das redes tradicionais de cobre ou híbridas de fibra coaxial.

Vantagens da FTTH:

- **Transmissão de dados a alta velocidade**: A FTTH pode fornecer acesso à Internet a uma velocidade de gigabit, significativamente mais rápida do que a DSL ou a Internet por cabo. Isto permite o streaming contínuo, videoconferências, jogos em linha e outras aplicações com grande volume de dados.
- **Qualidade de sinal melhorada**: Uma vez que o sinal de fibra ótica não é partilhado com outros utilizadores (como nas redes por cabo), a FTTH oferece um serviço consistente e de alta qualidade sem abrandamentos significativos durante as horas de maior utilização.
- **Tecnologia à prova de futuro**: As redes FTTH são concebidas para lidar com as crescentes exigências de largura de banda, tornando-as adequadas para tecnologias futuras como o streaming de vídeo 8K, a realidade virtual (RV) e a utilização crescente de serviços na nuvem.

2. Redes ópticas passivas (PON, GPON, EPON)

As redes ópticas passivas (PON) são um tipo de rede de acesso de fibra ótica que utiliza divisores ópticos não alimentados (passivos) para distribuir dados de uma única fibra ótica para vários pontos finais, como casas ou empresas. As PON são eficientes porque permitem a partilha de uma única fibra entre muitos utilizadores, reduzindo os custos de infraestrutura.

Estrutura do PON:

- **Terminal de linha ótica (OLT)**: Localizado no escritório central do fornecedor de serviços, o OLT é responsável pelo envio e receção de dados de vários utilizadores.
- **Unidade de rede ótica (ONU) / Terminal de rede ótica (ONT)**: Estes dispositivos estão localizados nas instalações do cliente e convertem o sinal ótico em sinais eléctricos que podem ser utilizados por dispositivos como routers, computadores e televisores.
- **Divisores ópticos passivos**: O sinal ótico da OLT é dividido em múltiplos caminhos por divisores passivos, que direcionam o sinal para várias ONUs ou ONTs.

Tipos de PON:

- **Rede Ótica Passiva Gigabit (GPON)**: A GPON é a tecnologia PON mais amplamente implementada. Suporta velocidades até 2,5 Gbps a jusante e 1,25 Gbps a montante, o que a torna adequada para aplicações residenciais e empresariais.
- **Rede ótica passiva Ethernet (EPON)**: A EPON utiliza protocolos baseados na Ethernet e é normalmente implantada em países com infra-estruturas Ethernet de grande escala. Suporta débitos de dados simétricos de 1 Gbps, o que a torna uma boa opção para o fornecimento de serviços de banda larga.

Vantagens da PON:

- **Custo-eficiente**: As PONs reduzem a necessidade de componentes activos (como switches e routers alimentados) na rede, diminuindo as despesas de capital e operacionais.
- **Escalabilidade**: As PONs podem servir vários utilizadores na mesma rede, o que as torna ideais para áreas densamente povoadas.
- **Eficiência energética**: Uma vez que as PONs dependem de componentes passivos, consomem menos energia do que as redes tradicionais que requerem dispositivos activos em vários pontos.

3. Arquitecturas de redes ópticas

As redes ópticas podem ser concebidas utilizando diferentes arquitecturas, dependendo das necessidades específicas da rede e da área que serve. Os dois principais tipos de arquitecturas são **ponto-a-ponto** e **ponto-a-multiponto**.

Redes ponto-a-ponto

Numa **rede ponto-a-ponto**, cada utilizador está ligado ao escritório central ou ao fornecedor de serviços através de uma fibra ótica dedicada. Esta arquitetura fornece a maior largura de banda possível e o melhor desempenho, uma vez que não há partilha da fibra. As redes ponto-a-ponto são frequentemente utilizadas em ambientes empresariais ou aplicações críticas em que é essencial garantir ligações de alta velocidade.

Redes ponto-a-multiponto

Numa **rede ponto-a-multiponto**, vários utilizadores partilham a mesma fibra ótica utilizando uma tecnologia como a PON. Uma única fibra do escritório central é dividida entre vários utilizadores através de divisores ópticos passivos, tornando esta arquitetura mais económica do que a ponto-a-ponto.

Comparação das duas arquitecturas:

- **Custo**: As redes ponto-a-multiponto são mais económicas porque reduzem a necessidade de ligações de fibra individuais e diminuem os custos de manutenção.
- **Largura de banda**: As redes ponto-a-ponto oferecem uma largura de banda mais elevada, uma vez que cada utilizador tem uma ligação dedicada, enquanto as redes ponto-multiponto podem ter partilha de largura de banda, especialmente durante as horas de maior utilização.
- **Escalabilidade**: As redes ponto-a-multiponto são mais fáceis de escalar em áreas com muitos utilizadores, como bairros residenciais.

4. Redes metropolitanas e de longa distância

As redes ópticas não se limitam apenas a aplicações residenciais ou de pequenas empresas. Constituem também a base para a transmissão de dados em grande escala em áreas metropolitanas e em longas distâncias, permitindo a comunicação entre cidades, países e continentes.

Redes de Área Metropolitana (MANs)

Uma **rede de área metropolitana (MAN)** é um tipo de rede ótica que cobre uma cidade ou área metropolitana. As MANs ligam várias redes locais (LANs) para formar uma rede maior que pode lidar com as elevadas exigências de dados das áreas urbanas, incluindo empresas, escritórios governamentais e fornecedores de serviços.

Redes de longa distância

As redes ópticas de longa distância, também conhecidas como **redes de backbone**, são concebidas para transmitir dados a grandes distâncias, como entre cidades, países ou continentes. Estas redes utilizam tecnologias avançadas como a **Multiplexagem Densa por Divisão de Comprimento de Onda (DWDM)** para transportar grandes quantidades de dados a velocidades muito elevadas.

As redes de longa distância requerem uma gestão cuidadosa para atenuar problemas como **a atenuação** e **a dispersão do sinal**. **Os amplificadores ópticos** (como os EDFAs) são colocados em intervalos regulares ao longo da fibra para aumentar o sinal sem o converter de volta à forma eléctrica. Além disso, são utilizadas **técnicas de compensação da dispersão** para manter a integridade do sinal a longas distâncias.

Cabos submarinos

Um tipo especial de rede de longa distância é o sistema de **cabos ópticos submarinos**, que se encontra sob os oceanos para ligar continentes. Estes cabos são concebidos para resistir a ambientes subaquáticos adversos e transportam enormes quantidades de dados, constituindo a espinha dorsal das telecomunicações internacionais e da Internet global.

5. Conclusão

Compreender os diferentes tipos de redes ópticas, desde FTTH e PONs até redes metropolitanas e de longa distância em grande escala, é fundamental para os estudantes de telecomunicações. Cada tipo de rede serve diferentes propósitos e opera em diferentes escalas, mas todas se baseiam nos princípios fundamentais da tecnologia de fibra ótica para fornecer comunicação fiável e de alta velocidade.

Transmissão de alta velocidade e redes ópticas modernas

Dado que a procura de dados continua a crescer exponencialmente, as redes ópticas modernas são concebidas para lidar com a transmissão de dados de alta velocidade a débitos muito superiores aos dos primeiros sistemas. Esta secção apresenta a evolução dos sistemas de alta velocidade, discute a forma de gerir a dispersão nestas redes e destaca os desafios enfrentados para conseguir uma comunicação fiável de alta velocidade a longas distâncias.

1. Evolução dos sistemas de alta velocidade

Ao longo dos anos, os sistemas de transmissão ótica evoluíram para se adaptarem a débitos de dados cada vez maiores. Atualmente, os sistemas de alta velocidade podem suportar débitos de transmissão de dados de 10 Gbps (Gigabits por segundo), 40 Gbps, 100 Gbps e mais. Estes avanços tiveram um impacto transformador no desempenho e na capacidade das redes ópticas.

Sistemas 10G (10 Gbps)

- **Panorama geral**: Os sistemas 10G foram a primeira geração de sistemas ópticos de alta velocidade amplamente implantados em redes de telecomunicações. Suportam débitos de dados de 10 Gbps e são normalmente utilizados em redes de base, centros de dados e aplicações empresariais.
- **Aplicações**: Os sistemas 10G permitiram o acesso à Internet de alta velocidade, o streaming e a videoconferência. Ainda hoje são utilizados em muitas redes, mas estão a ser gradualmente substituídos por sistemas de maior velocidade em zonas com maior procura de dados.

Sistemas 40G (40 Gbps)

- **Visão geral**: Os sistemas 40G oferecem um aumento de quatro vezes na taxa de dados em relação aos sistemas 10G, tornando-os ideais para lidar com maiores volumes de tráfego em redes centrais e áreas metropolitanas.
- **Desafios**: Embora os sistemas 40G tenham melhorado a largura de banda, enfrentaram desafios significativos relacionados com a degradação do sinal em longas distâncias, especialmente devido à maior sensibilidade à dispersão.

Sistemas 100G (100 Gbps)

- **Visão geral**: Os sistemas 100G representam o padrão atual para redes ópticas de alta capacidade. Estes sistemas oferecem dez vezes a taxa de dados dos sistemas 10G e são essenciais para suportar aplicações modernas como a computação em nuvem, streaming de vídeo de alta definição e a crescente procura de serviços de dados em áreas urbanas e suburbanas.
- **Tecnologias utilizadas**: Os sistemas 100G dependem frequentemente da **deteção coerente** e de formatos de modulação avançados, como o **QAM**, para codificar eficientemente os dados a velocidades tão elevadas. **A multiplexação por divisão de comprimento de onda (WDM)** também é usada para combinar vários canais 100G numa única fibra, aumentando significativamente a capacidade total da largura de banda.

Sistemas de próxima geração (400G e posteriores)

- **Panorama geral**: A investigação e o desenvolvimento estão em curso para aumentar as velocidades de transmissão de dados para 400G, 800G e até 1Tbps (terabits por segundo). Estes sistemas serão cruciais para suportar tecnologias futuras, como o vídeo 8K, a realidade aumentada (RA), a realidade virtual (RV) e os veículos autónomos.
- **Desafios**: À medida que as taxas de dados aumentam, aumentam também os desafios relacionados com a degradação do sinal, a dispersão e o ruído. São necessárias técnicas de modulação avançadas e algoritmos de correção de erros mais sofisticados para manter a integridade do sinal a velocidades tão elevadas.

2. Técnicas de gestão da dispersão

A dispersão é um problema importante nas redes ópticas de alta velocidade. À medida que os impulsos de luz viajam através da fibra, tendem a espalhar-se devido à dispersão, o que pode causar a sobreposição de sinais e conduzir a erros na transmissão de dados. Isto é especialmente problemático em sistemas de alta velocidade, em que os impulsos estão mais próximos uns dos outros.

Tipos de dispersão

- **Dispersão cromática**: Diferentes comprimentos de onda de luz viajam a velocidades ligeiramente diferentes através da fibra, fazendo com que o pulso se espalhe ao longo do tempo. Este é o tipo mais comum de dispersão em fibras monomodo.

- **Dispersão modal**: Nas fibras multimodo, diferentes modos (ou caminhos) da luz viajam a velocidades diferentes, levando à dispersão. Esta é uma preocupação maior nas fibras multimodo utilizadas para distâncias mais curtas.

Técnicas de compensação da dispersão

- **Fibras de compensação da dispersão (DCF)**: Trata-se de fibras especialmente concebidas que são adicionadas à ligação de transmissão para neutralizar os efeitos da dispersão cromática. Ao introduzir um efeito de dispersão negativo, as DCF podem efetivamente anular a dispersão na fibra de transmissão principal.
- **Compensação eletrónica da dispersão (EDC)**: A EDC é uma técnica que utiliza o processamento de sinais digitais no recetor para corrigir a dispersão que ocorreu durante a transmissão. Este método não requer alterações na própria fibra ótica e é amplamente utilizado em redes modernas de alta velocidade.
- **Filtros ópticos**: Estes dispositivos são utilizados para estreitar a largura de banda do sinal luminoso, reduzindo a gama de comprimentos de onda e minimizando o efeito de dispersão cromática.
- **Formatos de modulação avançados**: Os esquemas de modulação, como o **QAM** e **a deteção coerente**, ajudam a atenuar os efeitos da dispersão, codificando os dados tanto na amplitude como na fase da onda de luz, o que proporciona uma maior resistência à distorção do sinal.

3. Desafios dos sistemas ópticos de alta velocidade

medida que as redes ópticas evoluíram para suportar débitos de dados mais elevados, surgiram vários desafios técnicos. Estes desafios incluem a manutenção da intensidade do sinal em longas distâncias, a gestão da dispersão e a garantia de que o ruído e as interferências não degradam a qualidade do sinal.

Amplificação

Um dos principais desafios em sistemas de alta velocidade é manter a força do sinal em longas distâncias. À medida que a luz viaja através da fibra, sofre **atenuação - uma** perda gradual da potência do sinal. Nas redes de longa distância, **os amplificadores ópticos**, como **os amplificadores de fibra dopada com érbio (EDFAs)**, são colocados em intervalos regulares para aumentar o sinal sem o converter de novo numa forma eléctrica.

Regeneração de sinais

Com débitos de dados muito elevados, o sinal pode ficar tão degradado que a simples amplificação não é suficiente para o restaurar. Nesses casos, é utilizada **a regeneração do sinal**. A regeneração do sinal envolve a conversão do sinal ótico num sinal elétrico, o seu reprocessamento para corrigir eventuais erros e, em seguida, a sua conversão num sinal ótico para posterior transmissão. Este processo é essencial para garantir uma comunicação de alta qualidade em distâncias extremamente longas.

Ruído e efeitos não lineares

A níveis de potência e débitos de dados elevados, as fibras ópticas estão sujeitas a **efeitos não lineares**, que podem distorcer o sinal e introduzir erros. Estes efeitos tornam-se mais pronunciados nos sistemas WDM, em que são transmitidos vários comprimentos de onda em simultâneo. Para minimizar estes problemas, é necessária uma gestão cuidadosa da potência e a utilização de **técnicas de correção de erros**, como a **correção de erros progressiva (FEC)**.

4. Conclusão

Os sistemas ópticos de alta velocidade, de 10G a 100G e mais além, são a base das redes de comunicação modernas. No entanto, para conseguir uma transmissão fiável a alta velocidade, é necessário enfrentar desafios como a dispersão do sinal, a atenuação e o ruído. Compreender a forma como estes desafios são geridos através de técnicas como a compensação da dispersão, a amplificação e a regeneração do sinal é essencial para os estudantes que pretendem trabalhar no domínio das telecomunicações ópticas.

Projectos práticos e simulações

A experiência prática e os exercícios de simulação são vitais para os estudantes reforçarem a sua compreensão dos conceitos de telecomunicações ópticas. Esta secção descreve projectos práticos e simulações que os estudantes de licenciatura podem realizar para aplicar os conhecimentos teóricos a cenários do mundo real. Estes projectos vão desde experiências básicas com fibra ótica até à utilização de ferramentas de simulação avançadas como o OptiSystem para conceber e analisar redes ópticas.

1. Experiências básicas com fibra ótica

A realização de experiências simples e práticas num laboratório é uma excelente forma de os alunos compreenderem as propriedades das fibras ópticas. Seguem-se algumas experiências básicas que os alunos podem realizar para explorar as caraterísticas da transmissão por fibra ótica.

Experiência 1: Medição da atenuação do sinal em cabos de fibra ótica

Objetivo: Medir a perda de potência do sinal à medida que a luz viaja através de um cabo de fibra ótica.

- **Materiais**: Cabos de fibra ótica, fonte de luz (laser ou LED), medidor de potência ótica, conectores.
- **Procedimento**:
    1. Ligar a fonte de luz a uma extremidade da fibra e o medidor de potência ótica à outra extremidade.
    2. Medir a potência de entrada na fonte de luz e a potência de saída na outra extremidade da fibra.
    3. Calcule a **atenuação** utilizando a fórmula:
    $$Attenuation\ (dB) = 10 * log_{10}\left(\frac{Input\ Power}{Output\ Power}\right)$$
    4. Compare a atenuação para diferentes comprimentos de fibra e analise os resultados.
- **Resultados de Aprendizagem**: Os alunos compreenderão como ocorre a perda de sinal à medida que a luz viaja através das fibras ópticas e como se mede a atenuação.

Experiência 2: Perda por flexão em fibras ópticas

Objetivo: Observar como a flexão de uma fibra ótica afecta a transmissão de sinais.

- **Materiais**: Fibra ótica, fonte de luz, medidor de potência ótica, dispositivo de dobragem de fibras.
- **Procedimento**:
  1. Medir a potência de saída quando a fibra está direita e registar os resultados.
  2. Dobrar gradualmente a fibra utilizando o dispositivo de dobragem e medir a potência de saída em cada dobragem.
  3. Analisar a forma como a curvatura afecta a intensidade do sinal e discutir as perdas **por macrocurvatura** e **microcurvatura**.
- **Resultados de Aprendizagem**: Os alunos aprenderão sobre a sensibilidade das fibras ópticas à flexão e como isso afecta a integridade do sinal em aplicações do mundo real.

2. Introdução ao software de simulação (OptiSystem)

Ferramentas de simulação como o **OptiSystem** permitem aos estudantes conceber e analisar redes ópticas sem necessidade de equipamento físico. Essas ferramentas são particularmente valiosas em ambientes educacionais, pois permitem que os alunos modelem sistemas complexos, experimentem várias configurações e visualizem os efeitos de diferentes parâmetros no desempenho da rede.

Introdução ao OptiSystem

Objetivo: Apresentar aos alunos o OptiSystem, guiá-los através das funções básicas e simular uma simples ligação de comunicação por fibra ótica.

- **Procedimento**:
  1. **Criar um novo projeto**: Abra o OptiSystem e crie um novo ficheiro de projeto. Configure uma ligação de comunicação básica que inclua uma fonte de luz (laser), uma fibra ótica e um recetor (fotodíodo).
  2. **Adicionar componentes**: Arraste e largue componentes da biblioteca, tais como lasers, fibras, amplificadores e detectores, para construir o sistema.
  3. **Configurar parâmetros**: Definir os parâmetros para cada componente (por exemplo, comprimento de onda do laser, comprimento da fibra, potência do sinal). Discutir o significado destes parâmetros no mundo real.

4. **Executar Simulações**: Simular a transmissão de um sinal através da fibra. Analise os resultados observando métricas como a potência do sinal, a taxa de erro de bits (BER) e os diagramas oculares.
5. **Analisar resultados**: Utilizar as ferramentas de análise incorporadas no OptiSystem para avaliar o desempenho do sistema. Os alunos devem entender como interpretar resultados como BER e fator Q.

- **Resultados de Aprendizagem**: Os alunos familiarizar-se-ão com as caraterísticas básicas do OptiSystem e aprenderão a simular e analisar um sistema de comunicação de fibra ótica.

Ideias para tutoriais OptiSystem:

1. **Simulando a dispersão em fibras ópticas**: Modelar a forma como a dispersão cromática afecta a transmissão de sinais em ligações de fibra ótica de longo curso.
2. **Utilizar WDM numa rede de fibra ótica**: Configurar um sistema WDM e simular como vários canais são transmitidos através de uma única fibra.
3. **Explorar a Amplificação Ótica**: Simular a utilização de EDFAs para aumentar o alcance de um sistema de comunicação ótica.

3. Exercícios de conceção de redes ópticas

A conceção e análise de redes ópticas é uma competência essencial para os estudantes de telecomunicações. Os exercícios seguintes dão aos alunos a oportunidade de conceber pequenas redes ópticas e explorar conceitos-chave como a transmissão de dados, a qualidade do sinal e o desempenho da rede.

Exercício 1: Conceber uma rede FTTH simples

Objetivo: Conceber uma rede básica **Fiber to the Home (FTTH)** para uma pequena área residencial.

- **Procedimento**:
  1. **Configuração da rede**: Os alunos irão projetar o layout da rede FTTH, ligando um escritório central a várias casas usando fibras ópticas.
  2. **Seleção de componentes**: Os alunos devem escolher os componentes adequados, como divisores, ONTs e OLTs, e calcular os comprimentos de fibra e os níveis de potência necessários.

3. **Análise de desempenho**: Utilize ferramentas de simulação (como o OptiSystem) para modelar a rede e analisar a atenuação do sinal, a largura de banda e o desempenho geral.

- **Resultados de Aprendizagem**: Os alunos ganharão experiência prática na conceção de redes FTTH, considerando factores como a distância, a atenuação e a capacidade.

Exercício 2: Estudo de caso sobre redes ópticas metropolitanas

Objetivo: Simular o projeto de uma **Rede de Área Metropolitana (MAN)** utilizando fibra ótica.

- **Procedimento**:
    1. **Cenário**: Os alunos têm a tarefa de projetar uma MAN para uma cidade, ligando vários edifícios de escritórios e centros de dados utilizando fibras ópticas.
    2. **Desenho de topologia**: Os alunos devem escolher uma topologia de rede adequada (por exemplo, anel, estrela) e explicar a sua escolha com base no custo, desempenho e fiabilidade.
    3. **Simulação e otimização**: Simule a rede no OptiSystem e optimize o design ajustando parâmetros como o comprimento da fibra, a amplificação e a compensação da dispersão.
- **Resultados de Aprendizagem**: Os alunos compreenderão os desafios e considerações envolvidos na conceção de redes ópticas de grande escala e como otimizar o desempenho.

4. Conclusão

Os projectos práticos e as simulações são essenciais para desenvolver uma compreensão profunda das telecomunicações ópticas. Quer seja através de experiências laboratoriais básicas ou de simulações avançadas utilizando ferramentas como o OptiSystem, os alunos podem ganhar experiência prática na análise de sistemas de comunicação por fibra ótica, conceção de redes e otimização do desempenho. Estes exercícios fornecem uma base sólida para o trabalho futuro em telecomunicações e engenharia ótica.

Sustentabilidade e eficiência energética em redes ópticas

1. Introdução

Como a procura global de dados continua a aumentar, alimentada pela proliferação de dispositivos conectados e serviços digitais, a eficiência energética nas redes de telecomunicações tornou-se uma preocupação crítica. As redes ópticas, enquanto espinha dorsal dos sistemas de comunicação modernos, estão numa posição única para enfrentar estes desafios. As suas propriedades intrínsecas, incluindo o baixo consumo de energia e a elevada capacidade de transmissão de dados, tornam-nas essenciais para a obtenção de infra-estruturas de telecomunicações sustentáveis.

2. O papel das redes ópticas nas telecomunicações ecológicas

A tecnologia de fibra ótica oferece inerentemente vantagens que se alinham com os objectivos de sustentabilidade:

- **Consumo de energia reduzido**: Ao contrário dos cabos de cobre, as fibras ópticas requerem muito menos energia para transmitir dados a longas distâncias, uma vez que os sinais de luz enfrentam uma resistência mínima no meio.
- **Menor dissipação de calor**: O processo de transmissão ótica gera um calor mínimo em comparação com as contrapartes electrónicas, reduzindo a necessidade de sistemas de arrefecimento que consomem muita energia em centros de dados e nós de rede.
- **Durabilidade e longevidade**: As fibras ópticas, sendo mais resistentes ao desgaste ambiental, reduzem a necessidade de substituições frequentes, contribuindo para a sustentabilidade a longo prazo.

3. Conceção de redes ópticas eficientes do ponto de vista energético

Para otimizar a utilização de energia nas redes ópticas, podem ser utilizadas várias estratégias inovadoras:

1. **Amplificadores ópticos de alta eficiência**:
    - Os modernos amplificadores de fibra dopada com érbio (EDFAs) foram concebidos para amplificar sinais luminosos com um consumo mínimo de energia.

- Tecnologias avançadas, como os amplificadores Raman, exploram as propriedades naturais das fibras para aumentar a intensidade do sinal, reduzindo os requisitos gerais de energia.

2. **Multiplexagem por divisão de comprimento de onda optimizada (WDM)**:
   - Ao maximizar a utilização dos comprimentos de onda disponíveis, o WDM reduz o número de transmissores e receptores necessários, conservando assim a energia.
   - Os multiplexers e demultiplexers compactos e energeticamente eficientes melhoram ainda mais o perfil energético dos sistemas WDM.
3. **Virtualização da função de rede (NFV)**:
   - Ao virtualizar as funções de rede, os requisitos de hardware físico são minimizados, levando a reduções significativas no consumo de energia. Esta abordagem permite que as redes ópticas se adaptem dinamicamente a cargas de tráfego variáveis, aumentando ainda mais a eficiência.

4. Integração das energias renováveis nas redes ópticas

A incorporação de fontes de energia renováveis nas infra-estruturas de redes ópticas responde tanto às preocupações com o consumo de energia como com a pegada de carbono:

- **Nós ópticos alimentados por energia solar**:
  - Em zonas remotas ou rurais, os painéis solares podem alimentar de forma sustentável os nós ópticos, assegurando a conetividade sem depender das redes eléctricas tradicionais.
- **Sistemas de energia por cabo submarino**:
  - Estão a ser desenvolvidas soluções energéticas híbridas, que combinam sistemas de baterias com fontes de energia renováveis marinhas, para alimentar amplificadores ópticos em sistemas de cabos submarinos.

5. Desafios e soluções ambientais

Embora as redes ópticas sejam, por natureza, mais sustentáveis do que as tecnologias tradicionais, continuam a enfrentar desafios ambientais:

- **Reciclagem de componentes ópticos**:

- A reciclagem de materiais de vidro e plástico de fibras ópticas desactivadas reduz os resíduos ambientais.

- **Minimizar os resíduos electrónicos**:
    - O maior tempo de vida útil dos componentes ópticos contribui para uma redução significativa dos resíduos electrónicos, em conformidade com os objectivos globais de sustentabilidade.

6. Conclusão

As redes ópticas representam uma pedra angular das telecomunicações sustentáveis. Os seus baixos requisitos de energia, a sua elevada eficiência e a sua adaptabilidade a fontes de energia renováveis posicionam-nas como uma solução fundamental para reduzir o impacto ambiental da transmissão global de dados. À medida que a indústria avança para práticas mais ecológicas, a inovação contínua nas tecnologias ópticas será crucial para equilibrar a crescente procura de dados com o imperativo da sustentabilidade. Esta evolução não só apoia os objectivos ambientais, como também proporciona benefícios económicos ao reduzir os custos operacionais a longo prazo.

Tendências e inovações em redes ópticas

As redes ópticas estão em constante evolução para satisfazer as exigências das tecnologias emergentes, como a 6G, as comunicações quânticas e a computação neuromórfica. Esses avanços prometem velocidades de dados sem precedentes, latência ultrabaixa e segurança aprimorada, colocando a fibra ótica no centro das futuras infraestruturas de comunicação. Esta secção analisa as tendências transformadoras que estão a moldar as redes ópticas e as soluções inovadoras que impulsionam a sua evolução.

1. Redes ópticas para 6G

A sexta geração de redes móveis (6G), prevista para cerca de 2030, tem como objetivo proporcionar melhorias revolucionárias em relação à 5G, incluindo:

- **Taxas de dados superiores a 1 Tbps**: Suporte de aplicações avançadas como holografia em tempo real, realidade aumentada (AR) e realidade virtual (VR).
- **Latência inferior a 1 ms**: Permitindo uma comunicação ultra-fiável e em tempo real para aplicações críticas, como veículos autónomos e cirurgia remota.
- **Conectividade maciça**: Integração de milhares de milhões de dispositivos através da Internet de Todas as Coisas (IoE).

O papel da fibra ótica na 6G:

- **Soluções de Backhaul e Fronthaul**:
    - A fibra ótica suportará o enorme débito de dados necessário para a 6G, ligando pequenas células densamente distribuídas à rede principal. A baixa latência e a elevada capacidade da fibra tornam-na indispensável para atingir os objectivos 6G.
- **Multiplexagem por divisão espacial (SDM)**:
    - Para acomodar as necessidades colossais de largura de banda da 6G, o SDM, que utiliza múltiplos canais espaciais numa única fibra, está a emergir como uma tecnologia fundamental. Esta abordagem pode multiplicar a capacidade das fibras por factores de 10 ou mais.
- **Fatiamento de rede**:
    - As redes de fibra permitirão a atribuição dinâmica de recursos em 6G, suportando o fatiamento da rede, uma técnica que dedica segmentos

específicos da rede a diversas aplicações, garantindo um desempenho optimizado para cada caso de utilização.

Desafios:

- Dimensionar as implementações de fibra para corresponder à elevada densidade de pequenas células 6G nas zonas urbanas.
- Gerir o consumo de energia mantendo os débitos de dados ultra-rápidos.

2. Comunicações quânticas e redes ópticas

As comunicações quânticas tiram partido dos princípios da mecânica quântica, como o emaranhamento e a sobreposição, para proporcionar uma transmissão de dados ultra-segura. As fibras ópticas desempenham um papel fundamental na transmissão de informação quântica.

Caraterísticas principais:

- **Distribuição de chave quântica (QKD)**:
  - O QKD permite a troca de chaves de encriptação que são inerentemente seguras. Se um espião tentar intercetar os sinais quânticos, o sistema detecta a intrusão imediatamente, garantindo a confidencialidade dos dados.
- **Integração com fibras ópticas**:
  - As fibras ópticas são ideais para a comunicação quântica, uma vez que podem transmitir fotões emaranhados a distâncias significativas. Os avanços nas fibras de perda ultra-baixa e nos repetidores quânticos estão a alargar os limites da distância que a informação quântica pode percorrer.

Evolução tecnológica:

- **Repetidores Quânticos**:
  - Para ultrapassar a atenuação dos sinais quânticos, estão a ser desenvolvidos repetidores para aumentar o alcance das redes quânticas.
- **Dispositivos quânticos compatíveis com fibras**:
  - As fontes de fotões emaranhados e os detectores compactos e compatíveis com a fibra estão a ser integrados nas infra-estruturas ópticas existentes para permitir uma implantação sem descontinuidades.

Desafios:

- Superar a perda de sinal e manter a coerência quântica a longas distâncias.
- Desenvolvimento de componentes quânticos escaláveis e a preços acessíveis para uma adoção generalizada.

3. Redes ópticas neuromórficas

As redes ópticas neuromórficas imitam a estrutura e a funcionalidade das redes neuronais biológicas, oferecendo um imenso potencial de aceleração da IA e de computação eficiente em termos energéticos.

Visão geral:

- **O que são redes neuromórficas?**
  - Estas redes utilizam componentes fotónicos, como lasers e moduladores, para reproduzir o comportamento dos neurónios e das sinapses. Podem processar dados à velocidade da luz, o que as torna ordens de grandeza mais rápidas do que os sistemas electrónicos tradicionais.
- **Aplicações**:
  - As redes neuromórficas são particularmente adequadas para cargas de trabalho de IA, incluindo o reconhecimento de imagens, o processamento de linguagem natural e a tomada de decisões em tempo real em sistemas autónomos.

Inovações tecnológicas:

- **Chips Neurais Fotónicos**:
  - Estes chips integram lasers, guias de onda e moduladores numa única plataforma, permitindo um processamento de dados rápido e paralelo.
- **Computação de reservatório ótico**:
  - Esta técnica emergente utiliza sistemas fotónicos para resolver problemas complexos em tempo real, como a previsão de sistemas caóticos ou a otimização de redes em grande escala.

Desafios:

- Miniaturização de dispositivos fotónicos neuromórficos para uma implantação generalizada.
- Reduzir o custo de fabrico de chips fotónicos de elevado desempenho.

4. Inovações emergentes

1. **Li-Fi (Light Fidelity)**:
   - o **Descrição**: O Li-Fi utiliza luz visível em vez de ondas de rádio para transmitir dados, oferecendo taxas de dados mais elevadas e interferências reduzidas.
   - o **Papel da fibra ótica**: Os cabos de fibra ótica são essenciais para o backhauling dos dados Li-Fi para as redes principais, garantindo ligações rápidas e fiáveis.
   - o **Aplicações**: Ideal para hospitais, aviões e outros ambientes sensíveis a interferências de radiofrequência.
2. **Fibras Multicore e Multimodo**:
   - o **Fibras Multicore**: Estas fibras contêm vários núcleos num único revestimento, aumentando drasticamente a capacidade sem necessidade de fibras adicionais.
   - o **Fibras multimodo para curtas distâncias**: Optimizadas para comunicação intra-datacenter, permitindo ligações de alta velocidade e baixo custo.
3. **Ótica de espaço livre (FSO)**:
   - o **Descrição**: A FSO utiliza feixes de luz transmitidos através do ar para estabelecer ligações ópticas sem fios. É uma tecnologia complementar para zonas onde a instalação de fibra ótica é impraticável.
   - o **Desafios**: Interferência atmosférica e precisão do alinhamento.
4. **Ótica adaptativa**:
   - o **Descrição**: A ótica adaptativa utiliza espelhos deformáveis e sensores de frente de onda para corrigir as distorções dos sinais ópticos causadas por factores ambientais como a turbulência.
   - o **Aplicações**: Melhoria do desempenho dos sistemas de comunicações terrestres no espaço livre.

5. Direcções futuras

Dado que a procura de largura de banda, velocidade e segurança continua a aumentar, prevê-se que as redes ópticas evoluam nas seguintes direcções:

- **Transmissão em escala terabit**:
  - Desenvolvimento de sistemas capazes de transmitir dados a débitos superiores a 1 Tbps para responder às necessidades das aplicações da próxima geração.
- **Redes híbridas ótico-sem fios**:
  - Integração de fibras ópticas com tecnologias sem fios avançadas, como ondas milimétricas e comunicações terahertz, para uma conetividade sem descontinuidades.
- **Redes sustentáveis**:
  - Maior ênfase nas redes ópticas eficientes do ponto de vista energético alimentadas por fontes de energia renováveis.

6. Conclusão

O futuro das redes ópticas está interligado com os avanços de ponta em 6G, comunicações quânticas e tecnologias orientadas para a IA. Essas inovações não só prometem expandir as capacidades da fibra ótica, mas também redefinir o papel das telecomunicações na formação da economia digital. Ao abordar desafios como a escalabilidade, a eficiência energética e o custo, as redes ópticas continuarão a apoiar a revolução da conetividade global, abrindo caminho para aplicações transformadoras em todos os sectores.

Aplicações e perspectivas futuras

As telecomunicações ópticas continuam a evoluir à medida que as tecnologias emergentes ultrapassam os limites do que é possível em termos de velocidades de transmissão de dados, largura de banda e capacidades de rede. Esta secção explora as tendências e aplicações futuras das telecomunicações ópticas, centrando-se em tecnologias emergentes como a fotónica integrada e o papel fundamental da fibra ótica na 5G e mais além. Aborda também os desafios que as redes ópticas enfrentarão no futuro próximo, à medida que a procura de largura de banda e conetividade continua a crescer.

1. Tecnologias emergentes nas telecomunicações ópticas

À medida que o consumo global de dados continua a aumentar, as telecomunicações ópticas estão a adaptar-se para suportar novas tecnologias e casos de utilização. Várias tendências e avanços emergentes prometem revolucionar a forma como a fibra ótica é utilizada nas comunicações.

Fotónica integrada

A fotónica integrada é um domínio emergente que visa integrar componentes ópticos (como lasers, moduladores, detectores e guias de ondas) numa única pastilha, à semelhança do modo como os componentes electrónicos são integrados em pastilhas semicondutoras. Esta tecnologia tem o potencial de revolucionar as comunicações ópticas, tornando os sistemas mais compactos, eficientes em termos energéticos e escaláveis.

- **O que é a fotónica integrada?** A fotónica integrada envolve a incorporação de componentes ópticos num chip fotónico, permitindo a manipulação e o processamento de sinais luminosos num formato altamente compacto. Estas pastilhas são frequentemente fabricadas com materiais como o silício ou o fosforeto de índio.
- **Vantagens**: A fotónica integrada promete custos mais baixos, menor consumo de energia e processamento de dados mais rápido. É particularmente vantajosa para os centros de dados, onde o espaço e a eficiência energética são cruciais, e para o desenvolvimento de dispositivos de telecomunicações mais compactos e de elevado desempenho.

- **Aplicações**: A fotónica integrada está a ser utilizada em várias áreas, como centros de dados, interligações ópticas para sistemas informáticos e redes de telecomunicações. É também crucial para permitir uma transmissão de dados mais rápida e eficiente nos sistemas de comunicação da próxima geração, incluindo a 5G.

Papel da fibra ótica nas redes 5G

A fibra ótica desempenha um papel fundamental nas redes 5G, permitindo as conexões de alta velocidade e baixa latência necessárias para a comunicação móvel e sem fio avançada. Embora a tecnologia 5G seja frequentemente associada à comunicação sem fio, a infraestrutura principal que a suporta depende muito da fibra ótica para backhaul (a conexão entre torres de celular e data centers) e fronthaul (conectando antenas a estações base).

- **Por que a fibra é fundamental para o 5G**: As taxas de dados extremamente altas (até 20 Gbps) e os requisitos de baixa latência das redes 5G só podem ser suportados por fibra ótica. A fibra oferece a largura de banda e a fiabilidade necessárias para lidar com as enormes cargas de dados geradas por aplicações habilitadas para 5G, como veículos autónomos, cidades inteligentes e a Internet das Coisas (IoT).
- **Implantação de fibra para 5G**: Em uma rede 5G, pequenos locais de células são distribuídos pelas cidades para garantir cobertura e capacidade. São instalados cabos de fibra ótica para ligar estas pequenas células à rede principal, garantindo que os dados que tratam são transmitidos de forma rápida e eficiente.

Outras tecnologias emergentes

- **Li-Fi (Light Fidelity)**: Uma potencial alternativa futura ao Wi-Fi, o Li-Fi utiliza luz visível para transmitir dados. Uma vez que funciona numa parte diferente do espetro eletromagnético, o Li-Fi pode oferecer taxas de dados mais elevadas e menos interferências do que o Wi-Fi. A fibra ótica será fundamental no backhauling dos sinais Li-Fi dos pontos de acesso para a rede principal.
- **Ótica de espaço livre (FSO)**: A comunicação FSO utiliza luz transmitida através do ar (em vez de fibra) para enviar dados sem fios a longas distâncias. Está a ser desenvolvida como uma tecnologia complementar para áreas onde a infraestrutura de fibra ótica é difícil de implantar.

2. Desafios do futuro

À medida que o mundo se torna mais interligado, a procura de redes mais rápidas e mais eficientes continuará a crescer. A fibra ótica continuará a estar na vanguarda destes desenvolvimentos, mas há vários desafios que a indústria tem de enfrentar para se manter a par das exigências futuras.

Aumento da procura de largura de banda

O mundo está a registar um aumento sem precedentes no tráfego de dados, impulsionado pela computação em nuvem, transmissão de vídeo, dispositivos inteligentes e novas aplicações, como a realidade virtual (RV) e a realidade aumentada (RA). As redes ópticas actuais estão a ser levadas aos seus limites em termos de capacidade e as redes futuras terão de acomodar volumes de dados ainda maiores.

- **Dimensionamento de redes ópticas**: Os futuros sistemas ópticos terão de suportar débitos de dados de terabit por segundo e mais além. Para tal, serão necessários novos avanços em tecnologias como a multiplexagem densa por divisão do comprimento de onda (DWDM), que permite a transmissão simultânea de mais canais de dados numa única fibra através da utilização de diferentes comprimentos de onda.
- **Desafios da capacidade da fibra**: Embora as fibras ópticas tenham uma enorme capacidade, aumentar a taxa de transmissão de dados sem introduzir a degradação do sinal é um desafio. Serão necessárias técnicas avançadas de processamento de sinais e algoritmos de correção de erros para manter elevados débitos de dados a longas distâncias.

Eficiência energética

À medida que as redes crescem, o mesmo acontece com as necessidades de energia necessárias para alimentar e arrefecer o equipamento. Por exemplo, os centros de dados que alimentam os serviços em nuvem consomem grandes quantidades de eletricidade, e a introdução de mais dispositivos ligados por fibra só irá agravar este problema.

- **Tecnologias eficientes em termos energéticos**: A fotónica integrada e a fotónica de silício oferecem uma solução, reduzindo o consumo de energia das redes ópticas. Estas tecnologias são concebidas para transmitir dados de forma mais eficiente, reduzindo a necessidade de processamento de sinais electrónicos que consomem muita energia.

Futuro dos sistemas ópticos

O futuro das telecomunicações ópticas envolverá provavelmente uma combinação de tecnologias concebidas para lidar com a procura maciça de dados do futuro e com os desafios da escalabilidade da rede e da eficiência energética.

- **Redes ópticas para 6G**: Enquanto as redes 5G continuam a ser implementadas, a investigação já está em curso para as redes 6G. Embora a 6G ainda esteja nos estágios iniciais, a fibra ótica desempenhará, sem dúvida, um papel fundamental para permitir as velocidades de dados ultrarrápidas, a baixa latência e a conetividade maciça de dispositivos que a 6G promete.
- **Comunicações quânticas**: A comunicação quântica representa a próxima fronteira na transmissão segura de dados. As redes quânticas, que utilizam os princípios da mecânica quântica, prometem níveis de segurança sem paralelo, tirando partido da distribuição de chaves quânticas (QKD). A fibra ótica será fundamental para a transmissão de informação quântica a longas distâncias.

3. Conclusão

O futuro das telecomunicações ópticas será moldado por tecnologias emergentes como a fotónica integrada, a 5G e a comunicação quântica, bem como por novos métodos para lidar com a crescente procura de dados e com os desafios da eficiência energética. À medida que a fibra ótica continua a evoluir, continuará a ser essencial para permitir comunicações fiáveis e de alta velocidade num mundo cada vez mais digital. Para os estudantes, a compreensão destas tendências e tecnologias proporcionará uma visão da direção do sector das telecomunicações e das suas oportunidades futuras.

Conclusão geral

Para concluir o livro "Redes Ópticas para Estudantes de Telecomunicações: Teoria, Componentes e Tecnologias", reconhecemos que a evolução das telecomunicações ópticas teve um impacto profundo nos sistemas de comunicação modernos. Desde as propriedades fundamentais da luz até aos componentes avançados das redes ópticas, a fibra ótica revolucionou a transmissão de dados, permitindo comunicações de alta velocidade, de longa distância e seguras.

Este livro oferece uma visão dos aspectos teóricos e das aplicações práticas das telecomunicações ópticas, proporcionando aos estudantes os conhecimentos fundamentais necessários para compreender e trabalhar com redes ópticas. À medida que a tecnologia de fibra ótica continua a avançar, apoiará futuras inovações em áreas como 5G, comunicação quântica e fotónica integrada. Para os estudantes, dominar estes princípios é crucial, uma vez que as redes ópticas permanecerão no centro do desenvolvimento tecnológico e desempenharão um papel fundamental na satisfação da crescente procura global de comunicações mais rápidas e fiáveis.

Esta viagem às telecomunicações ópticas é apenas o início, uma vez que o campo continuará a expandir-se com as tecnologias emergentes, criando novos desafios e oportunidades.

Glossário

Absorção: Um processo em que a energia do sinal luminoso é absorvida pelo material, resultando na perda de sinal.

Atenuação: A redução da intensidade de um sinal à medida que este viaja através de um meio, como uma fibra ótica.

Largura de banda: A gama de frequências que um meio de transmissão pode transportar, determinando a taxa de dados.

Dispersão cromática: Um tipo de dispersão nas fibras ópticas em que diferentes comprimentos de onda da luz viajam a velocidades diferentes, causando distorção do sinal.

Núcleo: A parte central de uma fibra ótica onde a luz é transmitida.

Revestimento: A camada que envolve o núcleo de uma fibra ótica, que tem um índice de refração mais baixo para conter a luz dentro do núcleo através da reflexão interna total.

Amplificador de fibra dopada com érbio (EDFA): Um tipo de amplificador ótico que aumenta a intensidade do sinal sem o converter de novo num sinal elétrico.

Fiber to the Home (FTTH): Uma arquitetura de rede em que a fibra ótica é utilizada para fornecer serviços de Internet e de telecomunicações diretamente a casas individuais.

Modulação: O processo de codificação de informações num sinal portador, como a alteração da amplitude ou da fase da luz para transmissão.

Multiplexagem: Uma técnica que combina vários sinais para transmissão num único meio, aumentando a capacidade do meio.

Amplificador ótico: Um dispositivo que amplifica um sinal ótico diretamente sem o converter num sinal elétrico.

Fibra ótica: Uma fibra flexível e transparente feita de vidro ou plástico, utilizada para transmitir sinais de luz para comunicação de dados.

Rede ótica passiva (PON): Uma tecnologia de telecomunicações de fibra ótica que utiliza divisores passivos para fornecer acesso à Internet a vários utilizadores.

Índice de refração: Uma medida de quanto a luz abranda à medida que passa através de um material, afectando o ângulo de refração.

Reflexão interna total: O fenómeno em que a luz é completamente reflectida no interior do núcleo de uma fibra ótica devido à diferença de índice de refração com o revestimento.

Multiplexação por Divisão de Comprimento de Onda (WDM): Uma tecnologia que combina vários comprimentos de onda de luz numa única fibra ótica para aumentar a capacidade de dados.

Referências

[1]. Agrawal, G. P. (2012). Fiber-Optic Communication Systems (4ª ed.). Wiley-Interscience.

[2]. Keiser, G. (2010). Optical Fiber Communications (4ª ed.). McGraw-Hill Education.

[3]. Palais, J. C. (2005). Fiber Optic Communications (5ª ed.). Pearson.

[4]. Kao, C. K. (2010). Optical Fiber Telecommunications (Telecomunicações por fibra ótica): An Introduction. Springer.

[5]. Senior, J. M., & Jamro, M. Y. (2009). Optical Fiber Communications: Principles and Practice (3ª ed.). Pearson Education.

[6]. Saleh, B. E. A., & Teich, M. C. (2007). Fundamentos de Fotónica (2ª ed.). Wiley.

[7]. Möller, L., & Morais, P. (2014). Optical Communication Systems. Springer.

Printed by Books on Demand GmbH, Norderstedt / Germany